LA CONVERSION DES RENTES

ET

LE SYSTÈME FINANCIER DE LA FRANCE.

LA
CONVERSION DES RENTES

ET

LE SYSTÈME FINANCIER DE LA FRANCE,

JUGÉS

SOUS LE POINT DE VUE DE L'ESPRIT DE LA RÉVOLUTION
FRANÇAISE ET DE LA NOUVELLE SOCIÉTÉ.

Par le comte V... J...

PARIS,

IMPRIMERIE DE LACOUR ET COMP\ie,

33, rue Saint-Hyacinthe-Saint-Michel.

1845

LA CONVERSION DES RENTES

ET

LE SYSTÈME FINANCIER DE LA FRANCE,

La conversion de la rente, demandée avec tant d'instances et de passion par les organes de l'opposition et par les hommes qui n'ont pas compris, jusque aujourd'hui encore, la nature et les fonctions de la fortune publique, créée dans les nouvelles sociétés par la compréhension du crédit national, la conversion de la rente nouvellement soumise à la sanction de la Chambre des pairs, a soulevé, il est vrai, des questions d'opportunité, des questions de droit au point de vue purement commercial et légal, elle a subi, il est vrai, à la Chambre des Députés une discussion assez étendue ; mais cette discussion, faite plutôt en vue des petites passions des colléges électoraux que pour approfondir la question elle-même, a permis aux orateurs de se poser eux-mêmes, de flatter les passions des masses ignorantes sur la nature du crédit, et faire un roman sentimental sur les inquiétudes de Messieurs les rentiers : mais personne n'est venu, à ce que je sache, regarder cette opération financière au point de vue social et politique, telle que l'a posé le changement opéré par l'esprit de la Révolution Française, qui a substitué au droit monarchique les intérêts raisonnés de la Nation, qui a mis l'égalité à la place des priviléges des classes.

A mon avis, dans les questions financières, l'esprit de la Révolution Française est loin d'avoir chassé l'abus des gouvernants et les servitudes des classes. En France, tout a marché avec le siècle , excepté le droit et le système financier qui touche toutefois de si près au droit de propriété.

En effet, il n'y a que chaos dans toutes les transactions financières de l'Etat avec les individus. Le pouvoir agit aujourd'hui comme s'il était poussé par l'intérêt pécuniaire de l'Etat, par les soins de sa fortune représentée par le chiffre. tandis que le chiffre ne constitue pas la fortune publique, la fortune de l'Etat ; mais seulement la nature et la force du pacte social, qui unit les individus d'une nation entre eux et avec le pouvoir. Le chiffre représente seulement la force de ce pacte. Otez ou affaiblissez la nature de ce pacte et vous n'aurez plus de chiffre. Le Grand-Turc a beau avoir un grand-livre, libre de toute inscription, il ne trouvera pas un sou pour son propre compte dans l'escarcelle des emprunteurs, car rien chez lui ne peut garantir le maintien d'une propriété acquise de cette manière sur le crédit de l'Etat. Il en est ainsi partout où cette propriété n'est pas respectée. Et un article de loi , quoique voté et longuement discuté , s'il porte atteinte aux droits des porteurs de créances nationales, devient absolument la même chose que le yatagan et le lacet qui paie souvent en Turquie les créanciers du sultan.

Les premières bases du pacte social de la nation Française sont : *la conservation de la propriété* et *l'égalité vis-à-vis la loi*. Maintenant regardons: le titre d'un capital prêté à l'Etat est-il une propriété ou non ? Cette propriété jouit-elle des mêmes garanties que toutes les autres ? Nous le verrons plus loin, et je prouverai que non ! L'Etat en se mettant au-dessus de la loi commune aux individus en matière de propriété , en se donnant des libertés d'agir que l'individu ne possède pas : l'Etat met ses créanciers au-dessous de la loi et hors la loi. Le créancier de l'Etat est un paria politique, un taillable et un corvéable. Les droits de propriété acquis sous le régime de la loi commune et de l'égalité, deviennent le jouet du bon plaisir de l'Etat qui, en rapetissant ces intérêts à la question du chiffre, froisse et annule sa véritable fortune, l'égalité vis-à-vis la loi, conservation de la propriété.

Et viendra-t-on nier peut-être ces deux bases sociales ! osera-t-on vouloir les soumettre au caprice et à la volonté de la souveraineté du vote national ; mais qu'on observe ce qui est au bout de ce despotisme du vote, de ce mépris des instincts et des besoins innés de la société. La liberté et la propriété sont au-dessus du ballotage des votes ; c'est le souffle divin conservé par l'âme sur la terre.

Maintenant l'Etat, contrairement à tous ses véritables intérêts, agit avec une inconséquence et une immoralité étonnantes en matière de finances. Veut-il diminuer le chiffre de ses charges, quoique ces prétendues charges répandent la richesse et l'aisance, et lui reviennent au centuple par tous les canaux de la fiscalité. L'Etat n'essaie pas d'éteindre le capital de sa dette, comme devrait le faire tout honnête individu ; il ne se préoccupe pas de ses engagements antérieurs, contractés vis-à-vis ses créanciers, engagements d'honneur national, sinon de moralité et d'intérêt bien entendu ; mais par un tour de *passe-passe*, par l'intimidation, par l'appât jeté au capitaliste agioteur qui va gagner sur la baisse ou sur la négociation d'un nouvel emprunt, l'Etat force le capitaliste sérieux au sacrifice d'un cinquième ou d'un dixième de son revenu. Pour un simple individu ce mode d'intimidation, cette manière de coïncider les simples semblants des deux opérations, légales et légitimes (du remboursement et d'un nouvel emprunt) chacune séparément, dans un but tierce, inavouable et spoliateur ; pour un simple individu, disons-nous, une pareille opération constituerait, sinon un délit, au moins un déshonneur. Car si la menace du remboursement et l'opération du nouvel emprunt avait un semblant de vérité, si du moins ils s'adressaient à des capitaux d'une nature différente ; mais non, c'est la même bourse, les mêmes capitalistes qui sont remboursés et qui sont forcés par leur position d'accepter de nouveaux titres.

Dans cette opération tout le monde perd, le contribuable
n'y gagne pas même un centime. Les agioteurs seuls sortent
les poches pleines. Mais passons là-dessus, pour le moment,
et considérons la conversion en elle-même sans l'assimiler
comme le font beaucoup de gens, avec le droit incontestable
de l'Etat, de rembourser ses dettes; car c'est bien différent
de rembourser une dette pour faire le remboursement ou
de faire une dette pour en utiliser le capital, et faire coïncider ces deux opérations légales et honnêtes, dans un but
tierce que le Code ne prévoit pas et que la moralité con-
damne.

La réduction de l'intérêt de la rente, envisagée en elle-
même est-elle un moyen de libération, de la dette, vu l'in-
suffisance du système d'amortissement adopté ?

Ou, l'Etat ne nie pas l'existence du capital de la dette, vu
seulement la prospérité publique et du commerce, vu le nombre des capitaux et le taux de l'argent à la Bourse, l'Etat veut
mettre l'intérêt de sa dette au niveau de l'intérêt des capitaux
de commerce.

Nous verrons bientôt, comment dans chacune de ces deux
hypothèses, le titre du capital prêté et le propriétaire de ce
titre sont mis par l'Etat en dehors de la loi commune. Pour le
capitaliste point d'égalité dans les transactions avec la partie
adverse ; point de garantie pour la jouissance et la transmis-
sion des titres du crédit national.

Quant à la première hypothèse, quant à la libération de
l'Etat par les réductions successives de l'intérêt, cette opération peut-elle puiser son droit dans la supposition, que l'Etat
a sous-entendu mentalement de payer le capital par le service
de l'intérêt ? Mais il n'y a pas de loi qui ait jamais pu légaliser
une idée aussi subversive de toute jouissance de la propriété.
La propriété ne peut jamais être soumise à une supposition
d'un raffinement aussi jésuitique, et le titre du capital avancé
à l'Etat, étant bien et dûment une véritable propriété, vouloir

la soumettre à une supposition aussi monstrueuse serait la mettre hors la loi commune.

Si on pouvait dire en France, comme on le peut ailleurs : que la créance sur l'Etat n'est pas une propriété ; mais un bénéfice politique ; que le créancier n'a pas fait un prêt, mais que seulement, moyennant une rétribution au pouvoir souverain, il a acquis *le privilége* de prendre part aux charges imposées de droit sur les taillables et les corvéables, que la réglementation de ce privilége, sa durée·et son plus ou moins d'extension, ne touche pas au droit sacré de la propriété personnelle, mais qu'il dépend des exigences politiques.

Et, sous ce point de vue, l'Angleterre, assemblage monstrueux des institutions féodales, des droits de castes et de priviléges, sans porter atteinte au droit de propriété individuelle, peut annuler et modifier ses créances, comme tous les autres bénéfices et priviléges politiques. Mais, en France, dans un pays d'égalité vis-à-vis la loi, la conversion des rentes prêchée par les serviles imitateurs des Anglais, et qui ne savent pas comprendre la différence qui existe dans ces deux pays, quant au point de départ de cette opération financière, la conversion devient, nécessairement en France, rien qu'une pure et simple atteinte au droit de propriété.

Ici, il ne peut plus être question de privilége ; car, de privilége, en France, il n'y en a pas.

Il y a des hommes qui semblent être honteux de voir la France devancée dans ce système de spoliation, réputé libéral, par les pays comme la Belgique, par exemple ; mais si la Belgique s'est empressée de donner, en quelque sorte, l'initiative de cette mesure, sans approfondir sa légalité et sa portée ; c'est que les belges sont possédés de la manie du progrès, et de l'amour-propre de faire primer leur pays par l'application précipitée des innovations les plus problématiques, et cela dans la politique comme dans l'industrie. La Belgique, dans sa rage du progrès, devrait opter pour le progrès des honnêtes gens en abolissant la contrefaçon et la contrebande.

La France a des devoirs trop sérieux envers elle-même et envers le petit monde des Etats constitutionnels qui se forment à son image, pour ne pas refléchir mûrement à une mesure de cette importance, sous peine de perdre cette auréole d'infaillibilité en matière de liberté, qui l'entoure maintenant aux yeux des nations qui aspirent à l'égaler en civilisation.

Le système de la conversion des rentes adopté en France, deviendrait un précédent funeste, dont les capitaux français, placés à l'étranger auraient les premiers à souffrir.

Déjà le congrès Espagnol va entrer aussi dans cette voie facile de la spoliation. Est-ce que les Espagnols pourraient prétendre, dans leur position, que l'anarchie et la guerre civile leur ont faite, que leur conversion aurait aussi un semblant du remboursement et d'emprunt. Avec quoi l'Espagne pourrait-elle rembourser les sommes dont elle est incapable de payer les intérêts? et qui oserait lui soumissionner un emprunt nécessaire ?...

Mais ils n'auront pas besoin de couvrir leur conversion du masque de la légalité, ils montreront la conversion française comme un précédent qui introduit dans le droit public européen, celui de libérer l'Etat par des réductions successives de l'intérêt.

Et bientôt, n'en doutons pas, un nouveau gouvernement, amené par une nouvelle commotion, saura profiter en Espagne de ce droit ainsi posé et déterminé.

Beaucoup de monde embrasse le parti de ce système de libération, en voyant le peu de succès obtenus, en France, par les caisses d'amortissement. Mais ce peu de succès des caisses d'amortissement tient seulement à deux causes : 1° à la large part qu'on a laissé à l'agiotage, dans le rachat des titres ; ensuite, à la trop grande liberté que le pouvoir exécutif s'est attribué en utilisant, pour des besoins du moment, les sommes amoncelées par la capitalisation de la caisse d'amortissement. Au lieu de détruire et annuler successivement tous les cinq ou tous les dix ans les titres rachetés, le gouvernement français a employé plus de 700 millions, déposés dans cette caisse, en travaux publics, il est vrai, d'une utilité incontestable. Certes, c'est bien employer les économies du trésor public ; mais c'est en même temps détruire inconsidérément les institutions nationales. Ce n'est pas une faute, c'est un crime. La caisse d'amortissement, indépendante des services publics, auxquels on imposerait le devoir impératif et irrémissible de détruire les titres rachetés dans des laps de temps déterminés et fixés définitivement ; la caisse d'amortissement qui aurait une règle fixe et un taux invariable de rachat au pair, sans se préoccuper des hausses et des baisses que la fluctuation des capitaux et les jugements précipités sur la position de la politique, pourraient imprimer aux valeurs publiques ; un rachat forcé, disons-nous, par le tirage au sort, dévolu à la caisse d'amortissement, pourrait seul permettre à cette institution de répondre dignement à la mission dont on l'a investie. Une caisse d'amortissement ainsi organisée, avec la moitié de la dotation que cette caisse possède maintenant en France, rendrait au pays des services incalculables, parmi lesquels il faut compter en première ligne celui de soutenir la dignité du crédit national, en maintenant la rente au pair, dans les cas les plus exceptionnels et les plus malheureux pour la politique extérieure du pays.

La suspension même du service des intérêts et du rachat partiel, occasionnée par les malheurs publics, servirait à relever le cours de ces titres de rentes ; car la suspension du rachat ferait disparaître ce glaive qui reste toujours suspendu sur la tête des porteurs d'actions et qui leur donne la crainte incessante du déplacement partiel, malgré qu'il les défend d'un autre côté contre la dépréciation et contre l'agiotage, en maintenant le caractère immuable de la dette, qui pourrait être changée autrement en privilège abusif, qui provoquerait l'abus du gouvernement et la spoliation. La suspension du paiement des intérêts, de son côté, créerait nécessairement une prime qui augmenterait la valeur de ces rentes; car la reprise du tirage annuel, par la caisse d'amortissement, impliquerait naturellement aussi le paiement des intérêts arriérés qui constitueraient un genre de primes et influeraient sur le cours de ces valeurs.

Dans tous les cas, la libération de l'Etat par le paiement du capital, est la seule qui convient, non-seulement à la dignité du pays, mais qui puisse encore garantir aux capitalistes la possession et la jouissance des titres des propriétés, basés sur le crédit national.

Le droit de libérer l'Etat par les réductions successives de l'intérêt, une fois admis, comme droit ou comme tendance, qu'est-ce qui empêche, de droit ou de fait, de réduire l'intérêt à la presque nullité? qu'est-ce qui prouve qu'il ne se trouvera pas d'homme d'Etat aventureux, poussé par les circonstances, aidé d'une force brutale qui prît le droit de libérer l'Etat en un jour et d'un seul coup? C'est monstrueux, direz-vous! mais c'est une conséquence imminente du droit de la libération par la réduction de l'intérêt.

Quant à la seconde hypothèse de la réduction de la rente sous prétexte de réduire l'intérêt de la dette nationale au taux courant de l'intérêt commercial; dans ce cas aussi l'égalité existe-t-elle dans les transactions du capitaliste avec l'Etat?

Le créancier a-t-il le droit, a-t-il le moyen de dire un jour venu : — Autrefois l'Etat a abaissé l'intérêt de la dette, à cause du nombre des capitaux, et il était dans son droit; mais maintenant que les capitaux sont rares, on manque de numéraire; le taux d'escompte est énorme, voyons à augmenter aujourd'hui l'intérêt, mettons-nous au niveau des capitaux du commerce. Le capitaliste a-t-il le droit, a-t-il le moyen de le dire? Non! Alors il n'y a pas d'égalité dans les transactions du capitaliste avec l'Etat. L'Etat place son créancier hors la loi d'égalité et de propriété; il le fait serf, et ainsi, il annule lui-même sa fortune, la base sociale qui fait sa force, il tue la propriété et l'égalité.

Envisagée d'un autre point de vue, *cette course au clocher des créances nationales avec les capitaux des particuliers,* est-elle rationnelle, logique, gouvernementale et morale?

Bien loin de là.

L'État, qui a prise sur toutes les productions de l'agriculture, de l'industrie, des arts et des lettres ; sur la propriété, comme sur le mouvement intellectuel qu'il peut diriger, modifier, restreindre et protéger ; l'État n'a aucune prise sur les capitaux. Il pourrait l'avoir au moyen d'un impôt ; mais celui-ci n'existe pas encore. Bref, les capitaux dominent l'État, tant que celui-là ne les a pas attirés dans le servage horrible des dettes nationales, où ils expient tristement la plus inique des tyrannies, les fantaisies les plus exagérées et les plus capricieuses qu'ils exercent sur tout le monde en dehors de ce cercle fatal.

Eh bien ! l'État aurait encore le moyen de dominer et de régler ce désordre, en se posant à lui-même le devoir de la stabilité de l'intérêt des dettes nationales, naturellement au taux de l'intérêt reconnu légal. Ce serait au moins un point fixe auquel, tôt ou tard, devrait revenir la balance du mouvement de l'intérêt commercial, et qui, sans despotisme ni raideur, aurait la faculté de poser les justes bornes, d'un côté, aux exigences des capitalistes ; de l'autre, à la dépréciation des capitaux. Car il faut bien comprendre que, si l'abaissement de l'intérêt est un progrès et un bien, la dépréciation des capitaux est un mal bien dangereux :

Elle arrête la consommation, elle lance les capitaux dans les affaires désespérées et ruineuses, elle les fait fondre et périr, elle tue dans le public l'esprit et l'habitude de la capitalisation ; le numéraire reste dans le pays, mais il n'y a plus de capitalistes ni de capitaux ; cet agent le plus actif de l'industrie, du travail et de la consommation a disparu. Si l'État a des devoirs impératifs, surtout dans notre société démocratique, de couvrir l'industrie de l'asservissement des capitaux, il est forcé aussi de veiller à la conservation de cet instrument du bien-être public.

La nécessité d'un intérêt stable et légal pour les créances de l'Etat, se présente à notre esprit, d'autant plus que l'organisation du travail commence à devenir une question de nécessité. Il est temps de penser, dans cette occurence, à la position que les propriétaires capitalistes devront occuper dans les combinaisons du travail organisé.

En acceptant comme juste *le steple chasse* financier dont nous avons parlé, en permettant aux dettes nationales de poursuivre les capitaux commerciaux dans leurs courses souvent bizarres et incohérentes, l'Etat se met encore plus à la merci des capitaux libres, sauf à se venger sur ceux que le sort malheureux à placés sous ses griffes.

Car, si l'abaissement de l'intérêt commercial permet à l'Etat de donner un vernis d'honnêteté très-problématique à la spoliation de l'abaissement de l'intérêt stipulé, les embarras du crédit public, et le manque des capitaux, donnent à l'Etat un nouveau prétexte pour dépouiller son créancier en diminuant le capital, au taux courant de la rente, comme on l'a fait au jour de la consolidation du 5 p. ∘⁄°.

Avec ce système de bascule et de *passe-passe*, il n'y a ni propriété, ni égalité, ni dignité nationale, ni moralité publique. Ce n'est pas un système financier d'une nation, c'est le Code privé des agioteurs, et pire que ça. Ce qui est toutefois le sublime de l'inconséquence législative et de l'opinion publique, c'est ce mélange étonnant des idées d'un autre temps avec le sentiment honnête de la nouvelle société ; c'est d'entendre la tribune, la presse et le salon retentir des anathèmes contre le jeu de bourse et l'agiotage, de voir le Code et le pouvoir législatif flétrir le moindre de leurs écarts, et toutefois dans le même temps, tout le système financier de l'Etat, Caisse d'amortissement et budget du revenu, emprunts et politique du Cabinet, ne vouloir point entendre parler de droit et de base, et sembler n'avoir des yeux et des oreilles que pour le tripot de la Bourse, où l'honneur et la dignité nationale servent d'enjeu aux hommes réprouvés par la morale publique et les lois du pays.

Tout a été fait, jusqu'à ce jour, pour dénaturer les bienfaits du crédit public. Le papier de la rente, titres véritables des propriétées immobilières, que la compréhension du crédit public nous a créé comme par miracle, est suspendu entre la terre et le ciel comme les jardins de Sémiramis; titres des propriétés qui apportent à la société tous les bienfaits des propriétés territoriales, sans faire concurrence à leurs produits; titres du crédit qui profitent par la durée de la possession, comme toute propriété immobilière, tandis que le papier-monnaie, autre création de crédit public, comme tout signe représentatif, profite par le mouvement (différence significative et importante entre ces deux valeurs du crédit et qu'aucun économiste n'a jamais posé comme base à leur classification). On a changé, disons-nous, les titres des rentes en élément de jeux, tandis qu'on aurait dû tâcher de renforcer leur nature immobilière et d'en profiter. Au contraire, poussé fatalement par les instincts abusifs et destructeurs de l'absolutisme républicain, qui est venu renforcer le système gouvernemental de la royauté, on en est venu en France, pour laisser champ libre à la spoliation future, on en est venu jusqu'à ériger, au plus beau temps de la liberté, les titres des dettes nationales en *privilége*. En les déclarant *rente perpétuelle*, et cela dans le même temps qu'on faisait disparaître *le perpétuel* de toute possession particulière et nationale, comme *servitude* et *privilége:* on a visiblement voulu mettre les titres de rente en dehors de la loi commune et autoriser la spoliation dans l'avenir.

Quelle inconséquence des législateurs ! ou plutôt quel grossière ignorance de la masse, qui a poussé ces timides hommes d'état à s'armer contre la propriété et l'égalité, droits sacrés pour lesquels ils auraient dû combattre courageusement

ces préjugés, excusables dans les premiers pas de la nation
sur le chemin de la liberté et de la vie populaire, mais im-
pardonnables anjourd'hui. Préjugés, ignorance, qui font regarder les titres du crédit public comme une charge du
peuple, et non comme le moyen merveilleux de doubler la
fortune nationale, la consommation et le revenu public. Ignorance, qui envisage la libération du revenu et l'extinction
complète de la dette, comme un signe certain du bien-être
de la nation et de la puissance financière de l'Etat. Tandis que
l'amortissement et la libération ne doivent servir réellement
que pour maintenir la nature des créances, comme preuve de
la solvabilité de la nation, comme moyen de créer de nouveaux titres et de nouveaux emprunts, à mesure que la fiscalité a digéré, en quelque sorte, par l'intermédiaire de la
consommation, les bienfaits des dettes créées précédemment.

L'immobilisation d'un capital pousse le numéraire par les
canaux de la production et de la consommation à de nouvelles
capitalisations, et active le service des titres anciens. Mouvement de rotation de la circulation monétaire, qui se préci-
pite et s'active selon le nombre des capitaux immobilisés.
Mouvement mystérieux, et d'une force progressive tellement
ascendente qu'il n'y a pas de calcul assez vaste pour le préciser, et peu d'intelligences capables de l'embrasser dans
sa grandeur totale. Comme exemple de cette vérité, on
devrait étudier le progrès de la richesse nationale et du revenu
public en Angleterre et en France, qui ont suivi servilement le progrès ascencionnel du chiffre des capitaux immobilisés. La seule chose qui demandera dans l'avenir une
attention soutenue de la part des financiers, et de la part des
économistes une étude plus approfondie du crédit qu'elle
ne l'est jusqu'aujourd'hui ; c'est la proportion nécessaire
à garder dans l'augmentation de dettes nationales à mesure
de l'accroissement du revenu public. Quant aux limites du crédit national, c'est l'expérience seule et non la
réflexion qui peut les préciser ; dans le cas, si limites il y a

pour ce qui suit pas à pas le progrès de la prospérité publique, qui se base sur l'honneur national et sur la force du lien social. Car dans ce cas, il faudrait aussi fixer scientifiquement les limites de la prospérité et de l'honneur national. On peut défier les ennemis de la France de lui poser et désigner ces limites.

Cette force du crédit n'est pas un paradoxe ni un rêve, c'est la nature réelle de cette puissance illimitée, merveilleuse, que les sociétés modernes ont fait jaillir de l'intelligence des individus; c'est une puissance qui naît de la maturité de l'intelligence, parvenue à la compréhension parfaite de soi-même et de la nature de la société; faudrait-il s'étonner alors, que le crédit public restât encore méconnu par le plus grand nombre? que ceux-ci en abusent par ignorance, que d'autres s'y ruinent par leur inhabileté, et enfin, que les hommes de mauvaise foi profitassent de la nouveauté de l'idée ainsi que de l'ignorance presque générale de la masse du peuple, pour faire de nouvelles dupes et occasionner des malheurs publics. Ce sont là les martyrs du progrès! plaignons-les, mais sachons profiter de leur expérience et de leurs découvertes.

En revenant aux principes de l'emprunt et de l'amortissement des dettes nationales, disons encore qu'ils doivent prévenir le manque des capitaux du commerce et du numéraire, absorber et utiliser leur excédant. Ce ne sont pas les capitaux qui doivent dominer l'Etat, c'est l'Etat au contraire qui doit les diriger, les dominer, les contenir et savoir les lancer avec vigueur, suivant les cas et les besoins.

En utilisant les principes énoncés plus haut, nous acceptons la tâche de montrer la série des mesures nécessaires, à notre avis, pour placer le système financier de la France à la hauteur de la nouvelle société et des bases qui servent à son progrès intellectuel et politique. Nous tâcherons, en même temps, de rendre justice aux exigences du moment, aux besoins des questions pendantes et aux améliorations invoquées par la voix de l'opinion publique. Nous croyons que le projet du

2

remaniement financier qui suit plus bas est en état d'opérer:

1° La diminution du chiffre destiné au service annuel des intérêts de la dette publique.

2° Diminution énorme du capital de la dette.

3° Extirpation de l'agiotage.

4° Le maintien de la prospérité du crédit national.

5° Augmentation des capitaux nationaux nécessaires à l'agriculture et à l'industrie; comme aussi, pour enlever aux capitaux étrangers les bénéfices énormes des chemins de fer.

6° Augmentation du revenu public.

7° Amélioration du système d'amortissement.

8° L'Etat mis à l'abri des dangers de ces remboursements précipités, aux déposants des caisses d'épargne.

9° Nouvel appui offert au commerce par l'Etat et par le crédit national.

Nous présentons à nos lecteurs la série de ces mesures d'opérations financières dans l'ordre nécessaire à leur exécution pratique.

1° La première mesure nécessaire serait :

De lever l'interdit qui pèse maintenant sur les titres du crédit national; d'opérer leur assimilation complète avec toute autre propriété immobilière en déchargeant les créances nationales du titre onéreux et illogique des *rentes perpétuelles*. La spoliation est au bout de ce titre, qui fait qu'un capital immobilisé cesse d'être une dette, une propriété, et se change en privilége qu'on peut et qu'il faut, plus tôt ou plus tard, briser d'une manière brutale et illégale.

2° Fixer une règle générale et impérative du rachat, par l'entremise de la caisse d'amortissement, qui emploiera, à cet effet, sa dotation annuelle capitalisée, et la totalité ou la partie jugée nécessaire de l'excédant du budget de chaque année. Le chiffre de la dotation serait diminué, l'Etat renoncerait au droit d'opérer le remboursement, sans l'entremise de la caisse d'amortissement, et d'agir sur la totalité de la dette publique , sauf le paiement immédiat intégral de la somme de 1 milliard 200 millions des titres de la rente de 5 p. 0/0 au pair, tirés au sort, comme le seront annuellement, à l'avenir, tous les titres retirés de la circulation par la caisse d'amortissement, proportionellement à la somme dont cette caisse pourrait disposer à la fin de chaque année. Le remboursement immédiat de la somme de 1 milliard 200 millions étant jugée nécessaire, comme nous le verrons, pour opérer le réglement définitif des finances.

La caisse d'amortissement arrêtera ses opérations pendant cinq années, jusqu'à ce que les titres 3 p. 0/0 et autres, suivant ce qui sera dit dans l'article plus bas, seront aptes à subir le remboursement au sort.

La dotation de la caisse d'amortissement sera suspendue pendant ces cinq années, et tous les titres rachetés jusqu'aujourd'hui seront annulés.

3o Tous les titres de 3 p. 0/0 et autres devront être changés immédiatement contre les titres de 5 p. 0/0. En maintenant le chiffre de la rente perçue et en changeant le chiffre du capital au taux de 5 p. 0/0. Ainsi, le 3 p. 0/0, qui vaut maintenant 83,65, recevrait le titre du capital de 60 fr. Le 4 p. 0/0 qui vaut 109 fr. vaudrait 80. Cette perte, qui semble très sensible, est nulle en proportion d'une baisse occasionnée par une panique et que l'Etat serait maintenant incapable de relever. Le rachat forcé, aux époques déterminées, au pair, maintiendra toujours ces titres au cours légal. La garantie donnée à ces titres ainsi convertis, que la caisse d'amortissement n'aurait pas de prise sur eux (pour les titres anciens pendant cinq années) ; pour les 3 p. 0/0 nouveaux, pendant dix ans qui suivront cette opération ; cette garantie seule est suffisante pour faire écouler le restant des titres du dernier emprunt et pour les faire descendre graduellement, par une pente aussi douce que légère, jusqu'au niveau de leur valeur stable et légale.

Le gouvernement maintiendrait, par cette opération, ce

qu'il y a de réel, de stable 'dans la nature présente du papier de la rente. Il maintiendrait le montant du chiffre de l'intérêt servi annuellement, qui est inattaquable et inviolable, car il constitue la valeur réelle du titre. Le gouvernement changerait ce qu'il y a de mobile, de fictif, d'illusoire, savoir : le chiffre du capital de la rente, qui varie d'un moment à l'autre.

Seulement, au lieu de l'agioteur qui impose maintenant la baisse par une intrigue et par des moyens illicites, c'est l'Etat qui poserait définitivement, une fois pour toujours, le véritable chiffre du capital, que le rachat forcé et au pair de la caisse d'amortissement rendrait stable et réel.

Le capital de la rente, de nominal qu'il [est, deviendrait réel.

Aujourd'hui, c'est l'intérêt de la spéculation particulière qui motive les pertes occasionnées par les baisses, tandis que c'est l'intérêt général du pays qui imposerait celle que les rentiers auraient à supporter à l'occasion de la mesure projetée.

Nous disons, quant au droit que l'Etat aurait d'abaisser le chiffre mobile et illusoire aujourd'hui, du capital de la rente, que l'Etat aurait-il moins de droit de faire la baisse, dans l'intérêt général et dans celui du capitaliste, que n'en a maintenant l'agioteur?

La stabilité et l'unité de l'intérêt de la dette nationale est non-seulement une question de moralité et de prospérité commerciale, mais encore, c'est un moyen de dominer les écarts des capitaux libres, un moyen de conserver le crédit de l'Etat, et de le mettre à couvert de la rapacité des capitalistes, au moment de contracter des dettes nouvelles dans les circonstances difficiles pour le pays.

Mais, dira-t-on, vous voulez soutenir le crédit national, et vous faites payer à l'Etat un intérêt beaucoup plus considérable que ne le font les débiteurs particuliers? Vous placez donc le crédit de l'Etat au-dessous de la considération dont jouit

le plus simple individu? Cette manière d'envisager la dignité
du pays et la nature des créances nationales, fait descendre
l'Etat, de son rôle social, à celui d'une boutique ; elle place
le porteur de rentes au niveau de l'escompteur à petite se-
maine.

Maintenant, on tâche de montrer, à tort, la confiance publique par la hausse du capital de la rente et la diminution
volontaire de l'intérêt perçu. L'empressement de posséder les
titres, qui rapporteront plus de bénéfices que toutes les autres
valeurs, en apportant le plus de garanties possibles, cet empressement, dis-je, vaudra, pour le crédit national, beaucoup
plus qu'une hausse, désastreuse pour une moitié des capitalistes et qui dévoile seulement le mal passager du trop plein
des capitaux et la plaie hideuse de l'agiotage.

Le chiffre élevé de 5 p. 0/0 de l'intérêt adopté, qui semble
onéreux pour le service de la rente, est compensé par les
bénéfices de la capitalisation vigoureuse et certaine de la caisse
d'amortissement. 5 p. 0/0 est l'intérêt légal, et nous ne com-
prenons pas que l'Etat, dont toute la force et toute la fortune
reposent sur la moralité et la légalité, dût jamais sortir de
cette voie pour subir la loi de l'intimidation et la honte du
doute sur sa solvabilité, ou vouloir frustrer enfin le particulier
du bénéfice que la loi lui accorde. L'Etat n'est pas un bouti-
quier, et s'il ne doit pas subir les humiliations et les revers
du commerçant, il ne peut pas non plus jouir des bénéfices de
cette industrie. Le rachat au sort du tirage annuel de la caisse
d'amortissement, ne peut pas donner aux rentiers des inquiétudes sérieuses sur un déplacement trop considérable ; le grand
nombre de numéros de la rente, la diminution de la dotation
de la caisse d'amortissement, le peu de probabilité des excé-
dants du budget, couvrent suffisamment le rentier contre
les hasards du sort.

4° Le désir général de diminuer le chiffre destiné au service
de la dette publique, ordonne la mesure du remboursement

intégral en numéraire, d'un tiers au moins des titres de 5 p. 0 0 qui existent maintenant à la concurrence de la somme d'un milliard.

Ce remboursement devrait être opéré par l'entremise de la caisse d'Amortissement, suivant la manière posée plus haut, sans se préoccuper si ces titres appartiennent aux particuliers ou aux institutions publiques. Par ce moyen, on jète une grande quantité de capitaux honnêtes sur la place, et qui sont forcés de chercher des placements avantageux sur l'agriculture et l'industrie et faire une concurrence sérieuse aux capitaux anglais dans les affaires de chemins de fer.

5° Pour trouver l'argent nécessaire au paiement des rentiers paisibles, il faut s'adresser à des capitaux d'une nature toute différente à des capitaux du commerce. Le commerce réclame depuis long-temps une grande amélioration du crédit public. Placé comme il l'est, entre deux besoins : de la capitalisation et la nécessité de posséder des sommes disponibles en numéraire, le commerce supporte de grandes charges et retire de la circulation productive un grand nombre du numéraire.

Un papier du crédit national, peut remédier à ce double besoin du commerce, et avoir le double caractère de la capitalisation et du numéraire. Nous proposons ici la création pour un millard de la *Rente-Monnaie*, nommée ailleurs (stoks) et qui rapporterait 2 p. 0⁄0 par an ; cette somme servirait au paiement intégral du 5 p. 0⁄0 et offrirait à l'État un bénéfice net de 30 millions par an. Les billets de la R.-M. ne devraient amais être au-dessous de 500 fr. ni dépassser 2,000 fr. du cap.

Les succès obtenus par les billets de la caisse Laffitte, qui sont toutefois bien loin d'offrir les avantages du papier que nous proposons ; l'énorme extension de ces valeurs pûrement commerciales, et les services qu'ils ont rendus au commerce de la capitale, peuvent servir de point de comparaison à l'appréciation des bienfaits de cette innovation.

La *Rente-Monnaie* est déjà appliquée dans un pays qui se trouve en dehors de la civilisation européenne, et qui ne présente aucun lien moral de la société ni aucune garantie de viabilité et de force. Ce système appliqué à Constantinople a donné de l'argent, même au Grand-Sultan.

L'emploi raisonnable de la Rente-Monnaie, mesurée au besoin du commerce, serait un véritable bienfait de crédit national. L'application de ce papier-monnaie à toute la masse de la dette publique, comme semble le conseiller l'inventeur de ce système, est un genre d'éxagération pardonnable à l'exaltation d'un inventeur, mais serait tout ce qu'il y a de plus dangereux pour la propriété immobilière et pour la circulation monétaire.

L'auteur de l'ouvrage *sur la Circulation et le Crédit public*, méconnait la nature du crédit public de la même manière que ce publiciste anglais qui conseille de son côté, de payer la totalité de la dette nationale anglaise avec le papier-monnaie, qui augmenterait à l'infini, suivant lui, le mouvement de la circulation et de la production. Ces messieurs oublient donc que le crédit a cela de particulier et de parfait qu'il imite servilement et s'initie avec la plus grande exactitude à la nature véritable, réelle de la fortune publique, qui consiste dans le numéraire et dans la propriété immobilière. Le papier-monnaie répond à la nature du numéraire qui profite par le mouvement ; et la rente répond à la nature de la propriété immobilière, en profitant par la durée de la possession.

Chacune de ces imitations doit nécessairement rentrer dans les conditions propres à ce qu'elle imite et être subordonnée et proportionnée aux besoins de son emploi. Le papier-monnaie doit répondre aux besoins du signe représentatif, la rente aux besoins de l'immobilisation des capitaux. La rente-monnaie qui cumule les deux qualités de la capitalisation et de la circulation, se trouve placée dans une position toute fictive, qui empiéterait et ruinerait toutes les notions primitives et naturelles de la fortune particulière, si on venait à dépasser les limites des besoins qui nécessitent la création de la rente-monnaie. C'est le commerce seul qui a réellement besoin de cette action simultanée de la capitalisation et du mouvement; c'est donc aux besoins des capitaux de commerce qu'on devra toujours proportionner le nombre de la rente-monnaie.

6° L'empressement probable du public pour le papier du du crédit ainsi créé, levra, il est certain, les restes des défiances que le peuple français a gardé pour le papier-monnaie, comme souvenir des désastres passés. Car, si le premier qui a touché au feu s'est brûlé les doigts, il ne s'ensuit pas que le feu ne soit très nécessaire et utile; une proscription de l'emploi du feu aurait laissé l'humanité dans l'état le plus abject de la sauvagerie. Il en est de même avec le crédit public, qui est une force tout-à-fait nouvelle ; elle blesse seulement les mains grossières et inhabiles; elle punit aussi les écarts des spéculations folles et de mauvaise foi.

Le souvenir de Law et celui des assignats républicains employés dans les premiers moments de la découverte du crédit public, à des époques corrompues ou difficiles ; et par des hommes peu scrupuleux et peu contrôlés, ne peut ni ne doit arrêter l'emploi utile et bienfaisant du crédit public et du papier-monnaie.

L'ignorance de quelques esprits bornés ou prévenus ne peut arrêter l'essor de la fortune nationale et privée.

La difficulté dans laquelle se trouve aujourd'hui le gouvernement avec le réglement des caisses d'épargne pourrait être levée très facilement par la création du papier-monnaie, pour la somme équivalente au chiffre présent des dépôts de cette caisse, et constituer ainsi un fonds énorme, toujours prêt à combler la différence entre les dépôts et les demandes des déposants.

L'opération projetée demande ce qui suit :

L'émission du papier-monnaie, portant le titre *billets du fonds des caisses d'épargne*, pour la somme ronde de 500 millions ; le montant de ces billets ne peut être de plus de 50 fr. ni moins de 10 fr., pour ne pas être à la portée de la classe indigente, par conséquent, pour la plus grande part ignorante et facile aux suggestions de la méchanceté et de la prévention.

100 millions de ce papier-monnaie seraient seulement déposés aux fonds du trésor de la caisse d'épargne; 2° on y déposerait ensuite pour 100 millions de numéraire, retirés de la circulation par les émissions du trésor public ; 3° pour 100 millions de la rente-monnaie ; 4° acheter au pair, par l'entremise de la caisse d'amortissement, pour 200 millions de la rente de 5 p. 0/0. Ainsi, le fonds de la caisse d'épargne aurait toujours de disponibles : 300 millions en numéraire de circulation, et 200 millions de 5 p, 0/0, sur lesquels la Banque, en cas de besoin, pourrait avancer à la caisse la somme nécessaire au payement intégral des demandeurs.

En même temps que la caisse d'épargne offrirait une si grande sécurité aux déposants, et sauverait l'Etat des embarras de remboursements précipités et du service énorme des intérêts des sommes déposées, qui se montent aujourd'hui à plus de 18 millions, que l'Etat économise par conséquent ; la caisse d'épargne aurait en même temps un revenu de 12 millions par an ; 10 millions pour les 200 millions de 5 p. 0/0, et 2 millions pour les 100 millions de la rente-monnaie.

Ces 12 millions devraient servir à retirer de la circulation pour 12 millions du papier-monnaie chaque année. Ainsi, l'Etat, en créant une garantie pour le public et un débarras des remboursements précipités, fait une économie de plus de 18 millions par an, augmente la circulation du numéraire, institue un amortissement de 12 millions par an, se débarrasse de toute cette dette qui pèse maintenant sur lui, en se réservant en même temps un revenu certain de tout le surplus des dépôts des caisses d'épargne ; car, dans ce projet, les dangers des remboursements précipités sont encore diminués par la considération, que les capitaux du commerce qui s'introduisent maintenant clandestinement dans la caisse, et donnent le signal des paniques, auront plus de bénéfice de se rejeter sur la rente-monnaie.

L'émission de 500 millions de papier-monnaie, jointe au chiffre probable de 250 millions de billets des banques autorisés, auxquels il faudra, comme de juste, ouvrir aussi les caisses de l'Etat ; cette émission du papier-monnaie ne peut inquiéter en aucune façon le crédit et la valeur de ce papier, vu le chiffre élevé du revenu public, qui monte à la somme de près de 1 milliard 500 millions, et qui, par conséquent, peut absorber et rejeter dans la circulation, deux fois tous les ans, la masse entière du papier-monnaie ainsi créé.

Cette considération pourrait servir peut-être, dans l'avenir, de base pour les émissions futures du papier-monnaie et de la proportion à garder entre le numéraire métallique et le papier-monnaie.

7° Tandis que l'Etat donnerait les garanties énoncées plus haut aux porteurs des titres des créances nationales, en les assimilant devant la loi avec toutes les autres propriétés immobilières, il serait aussi du devoir de l'Etat de faire peser sur les titres des capitaux immobilisés, les charges qui pèsent aujourd'hui sur toutes les autres propriétés immobilières ; et ces charges ne devraient pas seulement peser sur les rentes de l'Etat, mais sur tous les capitaux immobilisés en général.

Les charges ne peuvent pas être proportionnées et basées sur le revenu, sur l'intérêt perçu par ces titres ; car se serait ôter à ce papier une partie de sa valeur réelle ; ce serait attaquer la nature de ces valeurs. L'impôt n'est juste que quand il a le caractère répressif et conservateur ; lorsque, par la manière de sa perception, l'impôt influe sur le maintien de la position, que la loi et l'intérêt du pays assignent à une industrie ; enfin, lorsque l'impôt devient gendarme par son esprit, sans avoir sa brutalité.

Le caractère de la rente est le caractère d'une propriété immobilière, qui profite, comme nous avons dit, par la durée de la possession. Donc, les lois du pays ne doivent pas tâcher de dénaturer ce caractère des titres des capitaux consolidés et en faire un élément de jeu, comme ils le sont aujourd'hui ; mais, au contraire, ils doivent renforcer ce caractère immobilier des rentes. L'impôt sur les mutations de tout titre d'un capital immobilisé, répondra à toutes les exigences de la question. C'est une mesure de nécessité, une mesure de justice envers les autres propriétés immobilières qui supportent maintenant des charges considérables et onéreuses, tandis que les capitaux oppressent l'industrie, l'agriculture et l'Etat, sauf à supporter les mécomptes de l'usurier, qui rançonne un emprunteur solvable pour dix qui ne le sont pas. L'impôt sur les mutations, c'est une prime que l'Etat donne aux capitalistes sérieux, qui regardent la rente comme une propriété immobilière.

Cet impôt tue l'agiotage, ainsi que le jeu illégal et immoral de la Bourse beaucoup mieux que toute cette toile d'araignée des petites lois répressives, qui, dans leur impuissance sèment la flétrissure et l'infamie, planent sur tout le monde et ne frappent réellement personne. L'agioteur dort tranquillement sous les coups de l'infamie proclamée par la loi et la tribune. Mais c'est seulement la gloire de la nation qui en souffre, et ce qui est pis encore, c'est la société entière, c'est le caractère et la moralité qui souffrent de cette situation créée à l'agiotage par la loi d'un côté, par l'opinion publique de l'autre. Car la société sent en même temps le mal qui la dévore, et son impuissance : donc, si c'est mauvais, et vous pouvez arrêter le mal, faite-le, mais ne flétrissez pas, car une part de la flétrissure retombe sur tous ; mais si vous ne pouvez pas arrêter ce mal, c'est qu'il est alors dans la nature des choses, par conséquent en flétrissant ce mal vous flétrissez toute la société. Encore une fois et toujours, comprimez, contenez le mal, mais ne le flétrissez pas : c'est le dernier degré de faiblesse, qui insulte et qui ne peut plus frapper. C'est faire porter à la nation la conviction du mal et de la flétrissure ; c'est tuer la force et l'avenir des nations. Pour les nations comme pour les individus, contenez-les, stimulez-les, frappez-les, mais ne les dégradez pas.

En créant l'impôt sur les mutations des titres, permettez aux agioteurs d'acheter tous les titres et même *les récépissés*, mais faites les payer, et croyez-le bien, ils cesseront de jouer.

Le bénéfice de cet impôt, tout minime qu'il soit, d'un huitième ou d'un dixième p. 0/0, serait réellement énorme en considérant le nombre des capitaux qu'il embrasserait, surtout avec les améliorations reclamées dans le système hypothécaire. La perception laissée entre les mains des agents de change et des notaires, contrôlée au trésor public aux époques du payement des intérêts, coûterait fort peu à l'Etat. Les coupons attachés aux titres de chaque rente et de chaque action, et une loi qui ne reconnaîtrait pour propriétaire du titre que le dernier endossement, légalisé par le timbre du percepteur, telles seraient les mesures simples et certaines qui pourraient assurer la perception intégrale de cet impôt, et couvrir l'Etat contre la fraude.

Ces mesures simples en elles-mêmes, ne pourraient entraver en aucune façon le mouvement réel de la rente; mais ils comprimeraient son mouvement factice et illégal. Cet impôt serait onéreux pour celui qui achèterait un titre aujourd'hui pour le revendre demain, et supputer les différences ; mais il serait nul pour celui qui l'achète afin d'en jouir, et c'est vers ce but que doit tendre la loi.

La vente et la légalisation de la vente, ramenées à la simple mesure de l'endossement, timbré par qui de droit, sur un coupon destiné à cet effet, sont d'une exécution trop facile pour entraver la vente et faire perdre du temps aux acheteurs et aux vendeurs.

L'impôt sur les mutations des titres de rentes stimulerait l'Etat à protéger l'esprit d'association, les entreprises commerciales, industielles, agricoles et de colonisation. L'intérêt du fisc, mieux que tout autre chose, pousserait le gouvernement à l'amélioration du système hypothécaire réclamé par l'agriculture.

Les avantages du projet que j'ai l'honneur de présenter au public sont visibles ; je ne les dicuterai pas plus long-temps.

Quant aux bénéfices du trésor public ils sont quadruples.

1° *Economie du budget annuel.*

30 millions économisés par le payement du millard du 5 p. 0/0 et la création de la rente-monnaie ;

18 millions, montant probable des intérêts annuels, à 4 p. 0/0, servis aux capitaux déposés à la caisse d'épargne payables dorénavant par les sommes déposées et par le fonds de la caisse, sauf à augmenter plus tard le fonds par une nouvelle émission de billets, une partie de ceux de la première émission étant amortis ;

23 millions, 200,000 fr. la moitié de la dotation de la caisse d'amortissement économisée ;

53 millions 663,000 fr. montant des rentes rachetées jusque aujourd'hui par la caisse d'amortissement est annulées définitivement.

124,863,000 fr.   Total de l'économie du budget de chaque année.

2° Diminution du capital de la dette publique.

La conversion du 3 p. 0/0 et autres en 5 p. 0/0 du nominal au réel donne :

CAPITAL NOMINAL de la dette à convertir.	CAPITAL NOUV. réel.	DIMINUTION.
Du 4 1/2 p. 0/0. 22,813,333.	20,531,999.	2.281.334.
Du 4 p. 0/0. 562,684,375.	450,147,500.	112,536,875.
Du 3 ancien. 1,463,270,133.	877,762,079.	585,308,054.
Du 3 nouveau 500,000,000.	300.000.000.	200,000,000.
Totaux. . . 2,548,767,841.	1,558,641,578.	900,120.363.

Le montant des dépôts présents aux caisses d'épargne couverts par le papier-monnaie amorti par les 12 millions de rente du fonds de la caisse d'épargne. . . . .   500,000,000 fr.

Total   1,400,126,474

3° Le bénéfice de 116 millions par la suspension de la dotation de la caisse d'amortissement pendant cinq années.

4° Le chiffre probable du nouvel impôt, impossible à appré-
cier, mais qui embrasse toute la dette publique, tous les titres
des actions industrielles. Enfin, avec la nouvelle organisation
des hypothèques, toute la somme qui grève les hypothèques
du Royaume.

La curiosité peut supputer ces chiffres et les trouver
presque fantastiques ; l'imagination peut bâtir là-dessus de
beaux projets ; mais les hommes sérieux et compétants en matière de finances, doivent y réfléchir mûrement.

La moralité de la nation et le trésor public y gagneront
certainement.